Die Preßgesetze des Erdballs

Band III

Die Preßgesetze des Erdballs

In Verbindung mit dem

Institut für ausländisches öffentliches Recht und Völkerrecht in Berlin

und der

Fédération Internationale des Journalistes

Herausgegeben von:

Dr. Viktor Bruns
ordentlichem Professor des öffentlichen Rechts an der Universität Berlin und Direktor des Instituts für ausländisches öffentliches Recht und Völkerrecht

Dr. Kurt Häntzschel
Ministerialdirigenten im Reichsministerium des Innern, Vorsitzenden der Internationalen Preßrechtskommission der Fédération Internationale des Journalistes, Berlin

Band III

1930

Verlag von Georg Stilke, Berlin

Das
dänische Preßrecht

von

Oluf H. Krabbe
Universitätsprofessor in Kopenhagen

und

Das
isländische Preßrecht

von

Olafur Larusson
Universitätsprofessor in Reykjavik

1930

Verlag von Georg Stilke, Berlin

Schettlerdruck, Köthen/Anhalt

Inhaltsverzeichnis

Das dänische Preßrecht

Anhang

Das isländische Preßrecht

Das
dänische Preßrecht

von

Oluf H. Krabbe

Tafel des dänischen Preß- und Zeitungsrechts.

Verfassung vom 5. Juni 1915 mit Änderungen vom 10. September 1920. § 84: Schutz der Preßfreiheit (im Anhang abgedruckt).

Preßgesetz vom 3. Januar 1851 (im Anhang abgedruckt).

Strafgesetz vom 10. Februar 1866: § 184 Veröffentlichung von unzüchtigen Schriften, § 216 Beleidigungen durch die Presse.

Gesetze (Nr. 63) vom 1. April 1910 § 6, (Nr. 132) vom 29. April 1913 § 19, (Nr. 149) vom 10. April 1922 §§ 24, 30, (Nr. 73) vom 29. März 1924 § 8: Veröffentlichungsverbote.

Prozeßordnung vom 11. April 1916 §§ 31, 73, 85, 455, 467, 851, 922: Beschränkungen der Berichterstattung; § 1017: unrichtige und schädliche Referate; § 170, Absatz 5: Zeugnispflicht des Redakteurs.

Gesetz (Nr. 95) vom 1. April 1925 § 22: Bekanntmachung gewisser Strafurteile.

Gesetz (Nr. 66) vom 2. Mai 1902, (Nr. 181) vom 17. Mai 1916, (Nr. 142) vom 18. April 1925: Ablieferung von Bibliotheksexemplaren.

Gesetz (Nr. 72) vom 1. April 1912 § 15: Schutz der Pressenachrichten.

Gesetz (Nr. 288) vom 9. Mai 1919 § 1: Postbesorgung von Zeitungen.

Literaturverzeichnis.

C. Goos: Den danske Strafferets specielle Del III S. 88 ff. Kopenhagen 1896.

H. Matzen: Den danske Statsforfatningsret III S. 364 ff. Kopenhagen 1909.

Betänkning afgivet af Udvalget til Overvejelse af Ändringer i Presseloven, Kopenhagen 1926.

Vinding Kruse: Nutidens Presse og dens retslige Ansvar. Ugeskrift for Retsväsen 1928 B. S. 121 ff.

Troels G. Jörgensen: Om Presselovens Revision. Nordisk Tidsskrift for Strafferet 1928 S. 223 ff.

I. Geschichte des dänischen Preßrechts.

Wie anderswo war auch in Dänemark die Presse ursprünglich der Zensur unterworfen. Diese wurde in der katholischen Zeit von der Kirche ausgeübt, nach der Reformation im Jahre 1536 aber auf die Universität Kopenhagen übertragen. Die politische Zensur ging allmählich, namentlich nach Entstehung der periodischen Presse um 1640, an die Polizeibehörden über.

Durch Reskript vom 14. September 1770, auch für die Herzogtümer Schleswig und Holstein geltend, wurde mit einem Schlage die Preßzensur ganz aufgehoben mit der Folge, daß die Verantwortlichkeit für gesetzwidrige Presseäußerungen sich nach der bestehenden allgemeinen Gesetzgebung bestimmte. Diese Preßfreiheit blieb bestehen, bis die Verordnung vom 27. September 1799 nähere Bestimmungen über die Äußerungsfreiheit durch die Presse traf und die Verantwortlichkeit für Mißbräuche schärfte. Die Verordnung von 1799, welche in dem folgenden halben Jahrhundert die Grundlage für das dänische Preßrecht bildete, behauptete wohl das Prinzip der Preßfreiheit, indem sie keine Durchsicht des Manuskripts vor dessen Veröffentlichung forderte und eigentliche (lebenslängliche) Zensur nur für solche Verfasser, die wegen Zuwiderhandlungen gegen die Verordnung verurteilt waren, einführte. Die Verordnung enthielt jedoch eine Vorschrift, die tatsächlich bis zu einem gewissen Grade als Zensur wirkte, indem verordnet wurde, daß von jeder gedruckten periodischen Schrift und von anderen Druckschriften, die nicht mehr als 24 Bogen enthielten, vor dem Beginn der Austeilung oder des Verkaufs ein Exemplar dem Polizeimeister eingehändigt werden mußte. Fand der Polizeimeister etwas seines Erachtens Strafwürdiges oder Ungebührliches in der Schrift, war er verpflichtet, die Schrift zu beschlagnahmen, den weiteren Verkauf sofort zu verbieten und die Sache der Zentralverwaltung vorzulegen, welche das polizeiliche Verbot bestätigen konnte, bis die gerichtliche Entscheidung in der Sache vorlag. Diese Beschränkungen der Preßfreiheit wurden in der folgenden Zeit durch verschiedene Gesetzesbestimmungen verschärft, namentlich durch eine Bestimmung, der zufolge niemand ohne königliche Bewilligung eine Zeitung herausgeben durfte, in die politische Neuigkeiten und Nachrichten eingerückt werden konnten, und ein solches Privilegium wurde niemandem gewährt, der sich nicht eigentlicher Zensur unterwarf.

Durch Verordnung vom 24. März 1848 und Gesetz vom 5. Juli 1850 wurde die in der Verordnung von 1799 vorgeschriebene besondere Zensur für verurteilte Verfasser und sämtliche seit 1799 erlassenen Verordnungen über Preßverhältnisse aufgehoben. Die Verordnung vom 27. September 1799 blieb im übrigen bestehen, bis sie durch das noch geltende Preßgesetz vom 3. Januar 1851 aufgehoben wurde.

II. Die Freiheit der Presse.

Begriff und Inhalt der Preßfreiheit bestimmen sich im dänischen Recht teils nach der Verfassung, teils nach der allgemeinen Gesetzgebung.

Die Verfassung vom 5. Juni 1915 mit Änderungen vom 10. September 1920 bestimmt im § 84 (= § 86 der Verfassung vom 5. Juni 1849): „Jedermann hat das Recht, seine Gedanken durch den Druck zu veröffentlichen, jedoch unter Verantwortung vor den Gerichten. Zensur und andere vorbeugende Maßnahmen dürfen niemals wieder eingeführt werden." Hierdurch ist das vorherige privilegium odiosum für Veröffentlichungen in der Presse weggefallen, insofern das Repressivsystem an Stelle des Präventivsystems Anerkennung gewonnen hat. Dagegen gewährt die Verfassung der Presse kein privilegium favorabile, und ebenso wenig hindert die Verfassung, daß die allgemeine Gesetzgebung bei Durchführung des Repressivsystems besonders für die Presse erschwerende Maßnahmen trifft. Die Verfassung verbietet zwar Maßnahmen, die der Veröffentlichung vorzubeugen beabsichtigen, jedoch nicht Maßnahmen, die die Sicherstellung der Verantwortlichkeit der an der Veröffentlichung Beteiligten bezwecken, selbst wenn eine Maßnahme der letztgenannten Art, so z. B. Gebot der Nennung des Namens des Verfassers auf der Schrift, tatsächlich der Veröffentlichung von Schriften, die möglicherweise nichts Rechtswidriges enthalten, vorbeugen würde. Es steht dem ferner nichts im Wege, daß die allgemeine Gesetzgebung Presseäußerungen bestimmten Inhaltes verbietet oder z. B. mit verschärfter Strafe Beleidigungen oder

Gotteslästerungen bedroht, wenn solche Äußerungen in der Presse erscheinen.

Was dagegen die Verfassung verbietet, ist erstens „Zensur", zweitens „andere vorbeugende Maßnahmen". Daß dieser letzte Ausdruck nicht jede Maßnahme umfaßt, die tatsächlich eine vorbeugende Wirkung haben kann, ist bereits erwähnt. Aber auch nicht jede Maßnahme, die einer Veröffentlichung vorzubeugen bezweckt, ist unter allen Umständen verboten. — Gemäß der angeführten Verfassungsbestimmung ist die Veröffentlichungsfreiheit von der Verantwortlichkeit gegenüber den Gerichten (d. h. den dänischen Gerichten) bedingt und ist daher nicht verfassungsmäßig gewährleistet, wenn nicht die allgemeine Möglichkeit, eine solche Verantwortung geltend machen zu können, vorliegt. Folglich genießt die Einfuhr fremder Schriften, wenn kein dänischer Untertan für die Veröffentlichung verantwortlich gemacht werden kann, keinen verfassungsmäßigen Schutz. Ferner steht aber fest, daß es zulässig ist, mittels einstweiliger gerichtlicher Verfügungen, zivil- oder strafprozessualer Art, gegen bestimmte gesetzwidrige Äußerungen einzuschreiten, sofern die allgemeinen, in der Gesetzgebung festgesetzten Bedingungen für solches Einschreiten gegen versuchte oder drohende Rechtsverletzungen vorliegen. Sehr üblich ist ein solches Verfahren gegen den Verfasser, der mit Nennung seines Namens in einer Zeitung rechtsverletzende Äußerungen veröffentlicht hat und mit Fortsetzung droht oder doch Fortsetzung befürchten läßt. Der Bedrohte kann unter diesen Umständen durch das Vollziehungsgericht Verbot gegen solche fortgesetzte Verletzungen erlassen mit der Folge, daß Übertretung des Verbots bestraft wird und die Polizei auf Verlangen des Verletzten Beistand zur Aufrechterhaltung des Verbots leisten muß. Der Rechtsgrund dieser scheinbaren Beschränkung der verfassungsmäßigen Bestimmung ist zu suchen erstens in der allgemeinen, auch geschichtlich begründeten Betrachtung, daß „das Prinzip der Pressefreiheit" keine begünstigende Behandlung rechtswidriger Presseäußerungen im Gegensatz zu anderen rechtswidrigen Äußerungen verlangt, zweitens darin, daß die Verfassung, indem sie auf die „Verantwortung vor den Gerichten" hinweist, eine Gleichstellung derart bestätigt, daß nicht allein die normale nachfolgende straf- und zivilrechtliche Verantwortung für vollendete Verbrechen, sondern auch Präventivmaßnahmen, insofern diese ausnahmsweise zur Verfügung der Gerichte stehen, auf Delikte in Preßverhältnissen wie in anderen Verhältnissen anwendbar sind. Mit derselben Begründung dürfen auch Beschlagnahme und Einziehung einer schon veröffentlichten Druckschrift gemäß den allgemeinen gesetzlichen Regeln stattfinden, obwohl solche Maßnahmen der weiteren Veröffentlichung der Schrift unmittelbar vorbeugen.

Eine verfassungmäßige Beschränkung liegt jedoch darin, daß die Verantwortung vor den Gerichten geltend gemacht werden muß. Staatsanwaltschaftliches oder polizeiliches Einschreiten gegen die Veröffentlichung ist mit der Verfassung unvereinbar. Übereinstimmend hiermit besagt § 13 des Preßgesetzes von 1851 und § 746 der Prozeßordnung (Gesetz vom 11. April 1916), daß Beschlagnahme einer Druckschrift wegen ihres Inhalts nur nach gerichtlicher Entscheidung stattfinden darf, und nicht durch — selbst nur einstweilige — Polizeiverfügungen, die sonst zulässig sind.

Hiermit ist das Verhältnis der Preßfreiheit zu den Polizei- und Verwaltungsbehörden erörtert (vgl. jedoch unten über die Rechtsstellung ausländischer Druckschriften). Bezüglich der Stellung der Gesetzgebung muß noch hervorgehoben werden, daß Gesetzesbestimmungen, welche die Ausübung des Verfasser-, Herausgeber-, Redakteur- oder Verlegerberufs durch Konzessionspflicht, besondere Abgaben, Forderung von Unbescholtenheit u. dgl. erschweren würden, im dänischen Recht unbekannt sind und vermeintlich als mit der Verfassung unvereinbar angesehen werden müßten. Umstritten ist, ob dasselbe von Bestimmungen zu gelten hat, die zur Sicherung der Verantwortlichkeit des Herausgebers oder Redakteurs solche Tätigkeit von einer Sicherheitsleistung abhängig machen würde; jedenfalls sind auch solche Bestimmungen unbekannt.

Vorbehaltlich der verfassungmäßigen Bestimmungen richtet sich der Umfang der Preßfreiheit in bezug auf Einschränkungen und Privilegien nach der allgemeinen Gesetzgebung. Hier kommt vorzugsweise in Betracht das Preßgesetz vom 3. Januar 1851. Die in diesem Gesetz (§§ 5—10, 12) enthaltenen Straf- und Einziehungsbestimmungen für verschiedene materielle Preßdelikte (Aufforderung zum Aufruhr, Majestätsverbrechen, Beleidigungen ausländischer Mächte, Gotteslästerungen, Ehrenverletzungen) sind in geänderter Fassung in das Strafgesetzbuch vom 10. Februar 1866 übergegangen, so daß das Preßgesetz von 1851 jetzt nur in § 3 allgemeine Bestimmungen über die Verantwortung für materielle Preßdelikte enthält, und überdies Bestimmungen über Ursprungsangabe (§§ 1—2), Ablieferungspflicht (§ 4), Berichtigungszwang (§ 11), prozessuales Verfahren (§ 13), Einfuhr ausländischer Druckschriften (§ 14—15), Begriff der Druckschrift (§ 16), Inkrafttreten des Gesetzes (§ 17).

Gesetzlich angeordnete Veröffentlichungsverbote finden sich außerhalb des Preßgesetzes. Grundsätzlich gilt als Regel, daß ein allgemeines Veröffentlichungsverbot auch — und zwar vorzugsweise — Veröffentlichungen durch die Presse umfaßt.

Bestimmungen, die besonders Veröffentlichungen durch die Presse verbieten oder solche Veröffentlichungen abweichend von anderen behandeln, sind nur in geringer Zahl vorhanden. Die zur Zeit geltenden sind folgende:

Strafgesetz vom 10. Februar 1866 § 184: Wer eine unzüchtige Schrift veröffentlicht, wird mit Gefängnis oder mit Geldstrafe bestraft. § 215 bestraft Vergehen gegen die Ehre mit Geldstrafe von 40 bis zu 1000 Kronen oder mit Haft von 14 Tagen bis zu 6 Monaten. Nach § 216 ist die Strafe Haft nicht unter 3 Monate oder Geldstrafe nicht unter 200 Kronen, wenn die Beleidigung in einer Druckschrift erschienen ist.

Das Gesetz vom 1. April 1911 betr. einstweiliger Änderung der Strafgesetzgebung verbietet im § 6, in den Zeitungen zu veröffentlichen, daß einer wegen Sittlichkeitsverbrechens oder Körperverletzung verurteilten Person dem genannten Gesetze gemäß „Enthaltsamkeitsbefehl" mitgeteilt ist, d. h. Befehl, nicht in öffentlichen Wirtshäusern, in Verkaufs- oder Verteilungsstellen für geistige Getränke solche Getränke zu kaufen oder zu genießen, und sich nicht außerhalb seines Heims in sichtlich betrunkenem Zustand zu bewegen.

Im Gesetz betr. das Apothekerwesen vom 29. April 1917 (§ 19) ist es verboten, ohne Erlaubnis des Gesundheitsamtes für Bandagen, elektrische Gürtel, Heilungsapparate gegen Schwerhörigkeit, Gesichtsstörungen u. dgl. Reklame zu machen, wie auch das Gesundheitsamt Reklame für Medizin, für Mittel, die sich als heilende, desinfizierende oder sonstwie gegen Krankheit wirksam bezeichnen, und ferner Reklame für Präparate zur Desinfektion von Personen, Zimmern und Hausgeräten verbieten kann, insofern die Reklame durch Bekanntmachungen in Zeitungen, durch Versendung von Beschreibungen an die Allgemeinheit usw. geschieht.

Das Gesetz (Nr. 149) vom 10. April 1922 (§§ 24, 30, 46) verbietet Veröffentlichung durch die Presse (oder auf andere Weise) von Steuerlisten oder Steuereinschätzungen für die Vermögens- oder Einkommensteuer des Staates; ebenso das Gesetz (Nr. 73) vom 29. März 1924 (§§ 8, 29) in bezug auf Gemeindesteuern.

Das Gesetz (Nr. 98) vom 29. März 1924 (§§ 1, 2) verbietet verschiedene unrichtige Warenbezeichnungen und verschärft die gewöhnliche Strafe, wenn die unrichtigen Angaben durch die Presse oder durch Laufzettel erscheinen.

Einschränkungen der Gerichtsberichterstattung finden sich in verschiedenen Bestimmungen der Prozeßordnung (Gesetz vom 11. April 1916 mit späteren Änderungen) als Konsequenzen der in der Prozeßordnung enthaltenen (allgemeinen) Veröffentlichungsverbote.

Infolgedessen ist die Berichterstattung in öffentlichen Zeitungen verboten: gemäß § 31 über Gerichtsverhandlungen, bei denen die Öffentlichkeit ausgeschlossen ist, sofern dies nicht allein mit Rücksicht auf Ordnung und Frieden im Gerichtslokal bestimmt ist, gemäß § 455 über Gerichtsverhandlungen in Ehesachen, sofern nicht beide Eheleute in die Veröffentlichung einwilligen, gemäß § 467 über Entmündigungssachen und gemäß §§ 851, 922 über Strafverfahren, wenn das Gericht durch Beschluß die Veröffentlichung verbietet. Ferner sind verboten (§§ 73, 85) öffentliche Mitteilungen über Auswahl und Ausschließung von Geschworenen in den zur Ausarbeitung der Geschworenenliste stattfindenden Ausschuß-Sitzungen und Veröffentlichung durch Mitteilung in der Presse über Beratung und Abstimmung der Geschworenen.

Schließlich muß hier hervorgehoben werden, daß die Prozeßordnung (§ 1017) den mit Geldstrafe oder mit Haft bedroht, der in Rede oder Schrift, für einen weiteren Kreis bestimmt, vorsätzlich oder aus grober Fahrlässigkeit: 1. wesentlich unrichtige Berichte über eine Strafsache erstattet oder 2. der Aufklärung der Sache Hindernisse in den Weg legt.

Wie bereits erwähnt, ist die Herausgabe von Zeitungen sowie die Ausübung des Redakteur- oder

Verlegerberufs mit keinen Einschränkungen behaftet. Zum Buchhandel (Sortimentsbuchhandel) ist jedoch Gewerbeschein erforderlich, und das Druckergewerbe ist in den Städten vom Gewerbeschein, außerhalb der Städte außerdem von königlicher Bewilligung bedingt (Gewerbegesetz vom 29. Dezember 1857, §§ 15, 29, 30, 88).

Gesetzliche Beschränkungen der Preßfreiheit unter Ausnahme- (Belagerungs, Kriegs-) Recht sind nicht vorgesehen.

Besondere Begünstigungen für die Presse ergeben sich aus dem im Preßgesetz vorgeschriebenen sukzessiven straf- und zivilrechtlichen Haftungssystem. Abgesehen davon und von den damit im Zusammenhang stehenden prozessualen Regeln, die unten erwähnt werden, finden sich im dänischen Recht keine Privilegien für die Presse, weder auf dem Gebiet des Straf- und Strafprozeßrechts, des Zivil- und Zivilprozeßrechts, noch auf sonstigen Rechtsgebieten, siehe doch gleich unten über die Zeugnispflicht des Redakteurs.

Bezüglich der Einziehung strafbarer Schriften sind die gewöhnlichen Bestimmungen der Strafgesetzgebung anwendbar, Strafgesetz § 34.

Eigentümlich für das dänische Preßrecht ist es, daß die periodische Presse grundsätzlich keine Sonderstellung gegenüber der nichtperiodischen Presse einnimmt, siehe doch unten S. 24 über eine Sonderstellung ausländischer periodischer Schriften. Namentlich ist die Regelung der Verantwortung grundsätzlich dieselbe für beide Schriftarten. Eine alleinstehende Ausnahme bietet die Prozeßordnung § 170 Absatz 5, wonach der in einer öffentlichen Zeitung mit Namen benannte Redakteur und Redaktionssekretär Zeugnis verweigern kann über die Person des anonymen Urhebers einer in die Zeitung aufgenommenen Mitteilung, sofern die Sache nicht ein mit höherer Strafe als Haft bedrohtes Delikt oder Bruch einer Schweigepflicht in öffentlichem Auftrag betrifft. Die Bestimmung bezweckt nicht, den Gewährsmann für den Inhalt der Mitteilung verantwortlich zu machen, berücksichtigt aber den Fall, daß die Preßmitteilung ein außerhalb der Presse begangenes Vergehen betrifft, zu dessen Aufklärung Kenntnis des Gewährsmanns bedeutsam sein könnte.

III. Das Preßpolizeirecht.

1. Ursprungsangaben.

Das Preßgesetz von 1851 enthält hierüber folgende Vorschriften:

§ 1: Nennung des Namens des Druckers und des Druckorts auf allen Schriften, die von einer Druckerei im Reiche ausgeliefert werden. Für Unterlassungen wird der Drucker, und sofern er nicht zu ermitteln ist, der Verkäufer oder Verteiler der Schrift, bestraft. Die Bestimmung umfaßt auch den Fall, daß die Schrift nicht zur Veröffentlichung bestimmt ist. Verschärfte Strafe (§ 2) tritt ein, wenn die Benennung des Druckers unrichtig ist, auch für den, der eine Schrift in Kenntnis dieser Unrichtigkeit verkauft oder verteilt. Diese Vorschriften sind in dem sukzessiven Haftungssystem des Gesetzes begründet, nach welchem der Drucker der in letzter Instanz Haftende ist. Die Bestimmung umfaßt alle Drucksachen, die als Schriften bezeichnet werden können, ohne Rücksicht auf die Erscheinungsform, folglich auch geschäftliche Zirkularschreiben, Kataloge, Laufzettel, Reklamen, nicht aber Visitenkarten u. desgl. Eine Definition des Schriftbegriffs enthält das Gesetz nicht. Die Bestimmungen des Gesetzes sind aber durch § 16 auch auf Schriften, die durch andere mechanische Mittel als den Druck hergestellt werden, anwendbar gemacht. Mit Ausnahme der Ablieferungsfrist (§ 4) sind die Bestimmungen des Gesetzes auf Kupferstiche, Holzschnitte und andere bildliche Darstellungen analog anwendbar. — Außerhalb des Preßgesetzes ist es durch Bekanntmachung des Handelsministeriums (Nr. 31) vom 2. Februar 1925 unter Bezugnahme auf § 14 des Gesetzes (Nr. 98) vom 29. März 1924 betr. Warenbezeichnungen vorgeschrieben, daß Schriften, darunter Kataloge, die in der dänischen Sprache im Ausland gedruckt sind und in Dänemark gehandelt werden, mit Nennung des ausländischen Druckorts (d. h. des Drucklands) bezeichnet werden sollen.

Angabe anderer Namen als des des Druckers sind nicht vorgeschrieben.

2. Das polizeiliche Pflichtstück.

Das Preßgesetz bestimmt in § 4, daß von jeder Druckschrift mit nicht über 6 Bogen gleichzeitig mit der Auslieferung der Schrift von der Druckerei und spätestens binnen einer Stunde nach dem Beginn der Auslieferung ein Exemplar der Polizeibehörde abgeliefert werden muß. Ist kein oder ein unrichtiger Drucker auf der Schrift genannt, so ist der Verleger oder Kommissionär für die Ablieferung verantwortlich.

3. Der Berichtigungszwang.

Gemäß § 11 des Preßgesetzes hat jeder, der sich in einer periodischen Schrift beleidigt glaubt, oder der eine ihn betreffende Mitteilung in der Schrift zu berichtigen wünscht, das Recht, die Zeitung zu ersuchen, entweder eine Anzeige betreffend Erhebung von Klage wegen des Angriffs und Ausgang der Sache oder einen Hinweis auf eine Berichtigung in einer anderen Schrift unentgeltlich aufzunehmen. Diese Aufnahme muß in einer der zwei ersten nach dem Verlangen der Aufnahme erscheinenden Nummern der Schrift erfolgen. Eine weitergehende Berichtigungspflicht, wie sie in vielen anderen Gesetzgebungen vorkommt, ist nicht vorgeschrieben.

4. Keine Pflicht zur Aufnahme von amtlichen Bekanntmachungen und Gerichtsurteilen.

Über Verpflichtungen zur Aufnahme amtlicher Bekanntmachungen galten früher besondere Regeln, indem die Aufnahme in gewisse privilegierte Zeitungen verlangt werden konnte. Diese Verpflichtungen sind mit dem betreffenden Privilegiensystem durch das Gesetz (Nr. 10) vom 23. Januar 1903 aufgehoben worden. Seit dem 1. April 1904 erscheint ein von Amts wegen täglich herausgegebener Staatsanzeiger („Statstidende"), in dem gerichtliche und andere öffentliche, früher in die privilegierten Zeitungen aufzunehmende, Bekanntmachungen veröffentlicht werden.

Das Gesetz (Nr. 95) vom 1. April 1925, betr. Herstellung und Verkauf von Margarine (§ 22) schreibt vor, daß Urteile wegen verschiedener Übertretungen des genannten Gesetzes von der Polizei im Staatsanzeiger und in den im Gerichtsbezirk am meisten verbreiteten Zeitungen angezeigt werden sollen mit Angabe des Namens des Verurteilten und der Beschaffenheit des Vergehens. Eine Pflicht für die private Presse, solche Anzeigen aufzunehmen, ist jedoch nicht ausdrücklich vorgeschrieben.

Für Gesetze, ministerielle Bekanntmachungen allgemeinen Inhalts und für ministerielle Rundschreiben und Einzelentscheidungen von allgemeinem Interesse sind seit 1871 (Gesetz vom 25. Juni 1870) das staatliche Gesetzblatt („Lovtidende") und das Ministerialblatt („Ministerialtidende") die zuständigen Veröffentlichungsorgane.

5. Pflicht zur Abgabe von Freistücken an Bibliotheken.

Die Pflicht zur Ablieferung von Bibliotheksexemplaren ist durch die Gesetze (Nr. 66) vom 2. Mai 1902, (Nr. 181) vom 17. Mai 1916 und (Nr. 142) vom 18. April 1925 geregelt. — Von allen Druckschriften sind zwei Freiexemplare der königlichen Bibliothek in Kopenhagen abzuliefern, von Zeitungen jedoch nur ein Exemplar. Ferner sind von allen Druckschriften mit Ausnahme von den außerhalb Kopenhagens erscheinenden Zeitungen ein Freiexemplar der Universitätsbibliothek in Kopenhagen und von allen Druckschriften — Zeitungen ausgenommen — ein Freiexemplar der Staatlichen Bibliothek in Aarhus abzuliefern. Außerdem ist von allen im Reiche erscheinenden Zeitungen ein Freiexemplar der staatlichen Zeitungssammlung in Aarhus abzugeben. — Die Ablieferungspflicht liegt dem Drucker ob. Der Begriff der Druckschrift ist im Gesetz vom 2. Mai 1903 näher bestimmt.

IV. Die straf- und zivilrechtliche Haftung für den Inhalt der Druckschrift.

Das Preßgesetz ordnet die Verantwortlichkeit für die durch die Presse begangenen rechtswidrigen Handlungen durch besondere von allgemeinen Rechtsgrundsätzen abweichende Regeln. Diese Sonderstellung ist jedoch gemäß § 3 des Preßgesetzes allein für die „hier im Reiche durch den Druck veröffentlichten", nicht dagegen für ausländische Schriften geltend. Die Nationalität der bei der Veröffentlichung beteiligten Personen ist rechtlich belanglos.

Für inländische Schriften besteht nach dem Preßgesetz § 3 die Sukzessivhaftung des sogenannten belgischen Systems: Nur ein einzelner Teilnehmer — oder mehrere Teilnehmer innerhalb derselben Klasse — sind haftbar, und die Verantwortung bestimmt sich in folgender Reihe: 1. Verfasser, 2. Herausgeber, 3. Verleger oder Kommissionär, 4. Drucker, mit Ausschließung aller anderen an der Veröffentlichung Beteiligten. Sämtliche

Teilnehmer, mit Ausnahme des Druckers, haben Recht auf Anonymität und sind, wenn sie nicht benannt sind, unbedingt verantwortungsfrei.

Haftbar ist in erster Reihe der Verfasser, sofern er seinen Namen auf der Schrift angegeben hat und außerdem entweder, als die Schrift erschien, festen Wohnsitz in Dänemark hatte oder zur Zeit der Klageerhebung innerhalb des Bereiches der richterlichen Gewalt des Staates war. Hat sich kein solcher Verfasser benannt, haftet unter denselben Bedingungen der Herausgeber, nach diesem der Verleger oder Kommissionär. Fehlt nur eine der Bedingungen für die Haftbarkeit der genannten Personen, haftet der Drucker.

Die Bestimmung erwähnt nicht ausdrücklich den Redakteur und kennt überhaupt nicht diese Bezeichnung, indem das Gesetz keine besondere Haftungsvorschriften bezüglich periodischer Schriften gibt. Falls kein Herausgeber benannt ist, muß doch der als „Redakteur" Benannte als Herausgeber haften. Auch steht es in der Praxis fest, daß der als „verantwortlicher Redakteur" auf einer Zeitung Benannte als Herausgeber haftbar ist, selbst wenn außer ihm ein anderer als Herausgeber benannt ist. Zweifelhaft dagegen ist es, wenn außer dem genannten „Herausgeber" ein anderer als „Redakteur" ohne Hinzufügung des Wortes „verantwortlicher" genannt ist. Zwei Landgerichtsentscheidungen (Ugeskrift for Retsvaesen 1872 S. 401 und 1062) haben in solchen Fällen den als „Herausgeber" Genannten haftbar gemacht.

Der von Anfang an nicht genannte Verfasser (Herausgeber, Verleger) ist außerstande, späterhin die Verantwortung freiwillig zu übernehmen. Eine Ausnahme ist jedoch in der Rechtsprechung (Ugeskrift for Retsvaesen 1894 S. 25) anerkannt worden, wenn die beabsichtigte Benennung durch Fahrlässigkeit unterlassen ist und unverzüglich berichtigt wird. Die Benennung kann auf einen Teil oder eine Abteilung (Annoncenabteilung, politische Abteilung) einer Schrift beschränkt sein. Der „verantwortliche" Redakteur einer Tageszeitung haftet mithin nur für den Inhalt des unbenannten Stoffs der Zeitung. Die Benennung muß mit des Betreffenden wirklichem Namen geschehen. Selbst notorisch bekannte Pseudonyme oder Buchstabenzeichnungen genügen nicht. Ausschlaggebend ist jedoch nicht der Taufschein, sondern der von dem Betreffenden allgemein benutzte Name. In der Rechtsprechung steht fest, daß die Angabe des Namens einer Vereinigung oder des Vorstandes einer Vereinigung ohne Nennung individueller Personennamen die Bedingungen erfüllt, um die Mitglieder des Vorstandes haftbar zu machen.

Die rechtliche Folge dieser Haftungsordnung ist die, daß „der Haftende“ die volle Verantwortung für den Inhalt der Schrift als deren vorsätzlicher Veröffentlicher trägt ohne Rücksicht darauf, ob er in gutem Glauben ist, ja vielleicht z. B. wegen Krankheit oder Wegreise den Inhalt der Schrift nicht hat kennen können. In einem einzelnen vielbesprochenen Fall ist jedoch ein unzweifelhaft gutgläubiger Buchdrucker freigesprochen worden, der anonyme Verfasser aber bestraft: Es handelte sich um ein Akrostikon, indem die Vorbuchstaben der Zeilen eines inhaltlich harmlosen Gedichts eine grobe Majestätsbeleidigung enthielten. Das Urteil (Juridisk Ugeskrift 1854 S. 302) begründete das Ergebnis damit, daß ein solcher Fall, wo die Beleidigung nicht als der normalerweise lesbare Inhalt der Schrift erscheint, außerhalb der besonderen Verantwortlichkeitsordnung des Preßgesetzes fallen muß. Von anderer Seite ist darauf hingewiesen worden, daß das Anonymitätsprivilegium gemäß allgemein anerkannten Rechtsgrundsätzen nicht demjenigen zugute kommen darf, der hinterlistig die legale Ordnung zu mißbrauchen versucht. Jedenfalls befriedigt die Entscheidung das unmittelbare Gerechtigkeitsgefühl.

In der juristischen Theorie herrscht darüber Einigkeit, daß es sowohl nach dem Sinn wie dem Wortlaut des Preßgesetzes erforderlich ist, daß der „verantwortliche“ Verfasser, Herausausgeber usw. auch tatsächlich in dem angegebenen Publikationsverhältnis zu der Schrift stehen muß. Hätte sich ein Strohmann als Verfasser benennen lassen, müßte folglich die Verantwortlichkeit auf den ferner beteiligten Nachmann, in letzter Instanz auf den Drucker, übergehen. Die Rechtsprechung hat jedoch — wesentlich wohl aus praktischen Gründen — diese Ansicht nicht gebilligt, sondern behandelt ohne weiteres als verantwortlich im Sinne des Gesetzes die als Verfasser, Herausgeber usw. auf der Schrift benannten Personen ohne Rücksicht auf ihr wirkliches Verhältnis zu der Schrift und ihrer Veröffentlichung. Während der Verfassungsstreitigkeiten in den 80iger Jahren des 19. Jahrhunderts führte dieses ein lebhaftes Aufblühen des Strohmannwesens mit sich, welches die Regierung veranlaßte, durch ein ohne Zustimmung des Reichstags erlassenes „provisorisches“ Gesetz (Nr. 100) vom 13. August 1886, dessen Verfassungsmäßigkeit sehr bestritten ist, die Bestimmungen des Preßgesetzes über die Verantwortlichkeit für den Inhalt der Tages- und Wochenzeitungen zu ändern. Das Anonymitätsrecht des Herausgebers (Redakteurs) wurde aufgehoben. Der wirkliche Redakteur mußte auf der Zeitung benannt werden und wurde verantwortlich gemacht auch für den Inhalt solcher Zeitungsartikel, die mit einem Verfassernamen unterzeichnet waren, falls der als Verfasser Benannte nicht tatsächlich Verfasser war. War nicht der wirkliche Herausgeber (Redakteur) auf der Schrift benannt, so war selbst der anonyme Verfasser verantwortlich. — Dieses provisorische Gesetz ist am 3. April 1894 aufgehoben worden.

Die Verantwortlichkeit der auf der Schrift angegebenen Personen ist davon abhängig, daß sie zurechnungsfähig sind. Fraglich ist aber, ob die Benennung eines Vormanns, der den sonstigen Verantwortungsbedingungen Genüge tut, den Nachmann befreit, wenn der Vormann nicht zurechnungsfähig ist. In der Rechtsprechung ist die Frage nicht entschieden.

Eine Bedingung für die Befreiung des Nachmanns, wenn ein Vormann benannt ist, ist es, daß der Nachmann auf Verlangen des Klageberechtigten diesem die zur Ermittlung des verantwortlichen Vormanns notwendigen Aufklärungen mitteilen kann und will. Der Nachmann muß also, um sich von der Verantwortung zu befreien, die Identität des Vormanns dartun, so auch nachweisen, daß dieser entweder, als die Schrift erschien, im Reiche wohnhaft war oder zur Zeit der Klageerscheinung innerhalb des Bereiches der richterlichen Gewalt des Staates ist. Andernfalls ist der Nachmann selbst haftbar. Das Verlangen, diese Aufklärungen zu geben, muß jedoch binnen drei Monaten erfolgen, nachdem die Herausgabe der Schrift in einer öffentlichen Zeitung angezeigt worden ist. Überschreitung dieser Frist macht den Nachmann verantwortungsfrei.

Eine Milderung der strengen Haftungsordnung des Preßgesetzes gewährt das oben erwähnte Apothekergesetz vom 29. April 1913 (§ 19), wonach der verantwortliche Redakteur für die stattgefundene gesetzwidrige Reklame nicht haftet, wenn er in begründetem guten Glauben war.

Das Preßgesetz macht zwischen der strafrechtlichen und der zivilrechtlichen Verantwortung keinen

Unterschied. Für beide gelten die gleichen Regeln. Der Herausgeber einer Zeitung haftet somit nicht für Schadensersatzleistungen, die einem verantwortlichen Verfasser auferlegt worden sind, und der Eigentümer der Zeitung ist als solcher nicht haftbar (Ugeskrift for Retsvaesen 1926 S. 428).

Für die nicht in Dänemark durch den Druck veröffentlichten Schriften, teils also die in Dänemark gedruckten, aber anderswo veröffentlichten, teils die im Auslande gedruckten, in Dänemark veröffentlichten Schriften, gilt die beschriebene Sonderordnung nicht. Die Verantwortlichkeit — strafrechtlich wie zivilrechtlich — bestimmt sich hier nach der allgemeinen Gesetzgebung. Täter und Teilnehmer sind verantwortlich, sofern sie der dänischen Gerichtsbarkeit unterliegen und den subjektiven Verantwortlichkeitsbedingungen Genüge tun. Von besonders praktischer Bedeutung ist dies beim Verkauf und der Verbreitung fremder, in Dänemark eingeführter Schriften, indem die nach dem Sukzessivsystem verantwortungsfreien Verkäufer (Sortimentsbuchhändler) und Verbreiter für den Inhalt solcher Schriften haftbar sind.

Gemäß § 14 des Preßgesetzes ist die Einfuhr fremder Schriften frei. Sofern kein dänischer Untertan für den Inhalt haftbar gemacht werden kann, ist der Justizminister, wenn er den Inhalt der Schrift für strafbar hält, ermächtigt, gegen die weitere Verbreitung der Schrift das Einlegen eines einstweiligen gerichtlichen Verbots zu veranlassen, welches Verbot unverzüglich durch gerichtliches Verfahren nachgesucht werden muß. Wird das Verbot bestätigt, bestimmt das Urteil eine Frist, binnen welcher die Schrift aus dem Reiche gesandt werden muß, widrigenfalls sie eingezogen wird. Das Urteil ist bekannt zu machen, wonach weitere Einfuhr, Verkauf und Verbreitung der Schrift strafbar ist. Unterliegt eine fremde periodische Schrift oder mehrere periodische Schriften, die denselben Herausgeber haben, in einem Zeitraum von 2 Jahren drei solchen Urteilen, so kann in dem letzten Urteil bestimmt werden, daß die Schrift oder andere, von demselben Herausgeber herausgegebene Schriften nicht ohne Erlaubnis des Justizministers in das Reich eingeführt werden dürfen (Preßgesetz § 15).

Gemäß § 13 des Preßgesetzes ist zur Anordnung der öffentlichen Verfolgung wegen des strafbaren Inhalts einer Druckschrift der Justizminister zuständig.

V. Das Preßgewerbe- und Postzeitungsrecht.

Bezüglich des Preßgewerbes sind bereits erwähnt die Bestimmungen über Gewerbeschein für das Drucker- und Buchhändlergewerbe. Die Kolportage ist ohne (schwer zu erreichende) königliche Bewilligung unzulässig. Die Universität in Kopenhagen ist infolge Reskript vom 21. Juli 1773 allein berechtigt, Kalender und Almanache drucken, einführen und verkaufen zu lassen.

Nach dem Gesetz (Nr. 289) vom 30. Juni 1922 betr. die Zeit für den Ladenschluß u. a. m. ist der Handel mit Druckschriften auf Bahnhöfen, Handel von Kiosken und Straßenhandel mit Zeitungen und Zeitschriften nach der gewöhnlichen Schließzeit zulässig. An den Sonn- und Feiertagen der Staatskirche ist das Setzen und Drucken von Zeitungen von 9 bis 24 Uhr, von anderen Schriften während des ganzen Tages verboten (Gesetz Nr. 143 vom 29. April 1913, § 26).

Über die Postbeförderung von Zeitungen finden sich Bestimmungen im Postgesetz (Nr. 288) vom 9. Mai 1919 mit späteren Änderungen. Die Post ist nach § 1 des genannten Gesetzes verpflichtet, abonnierte Zeitungen nicht nur zu befördern, sondern auch Bestellungen auf sie anzunehmen und die damit verbundenen Hebungen und Abrechnungen zu besorgen.

VI. Der Schutz der Pressenachrichten.

Über den Schutz der Pressenachrichten finden sich keine Bestimmungen außerhalb des Gesetzes betr. Verfasser- und Künstlerrecht (Nr. 72) vom 1. April 1912 (§ 15), wonach der Abdruck in Zeitungen oder Zeitschriften von einzelnen Artikeln und Mitteilungen in anderen Zeitungen oder Zeitschriften nicht als Verletzungen des Verfasserrechts angesehen wird. Dies gilt jedoch nicht von Artikeln mit Vorbehalt des Nachdrucks und überhaupt nicht von Feuilletonromanen und -novellen.

VII. Die Verbände der Presse.

Die nationalen Spitzenverbände der Presse sind: der 1880 gegründete, das ganze Land umfassende Journalistenverein („Journalistforeningen"), der durch fachliche und gesellschaftliche Zusammenkünfte die allgemeinen Interessen der Presse und die gemeinsamen fachlichen und wirtschaftlichen

Interessen der Journalisten wahrzunehmen bezweckt, insbesondere durch Aufbringung von Geldmitteln für Versorgung und Unterstützung der Mitglieder; ferner die beiden jüngeren, vorzugsweise fachlichen Organisationen „Journalistforbundet“ für Kopenhagen und Umgebung und „Provinsjournalistforeningen“ für das übrige Land.

Die ausländischen Pressevertreter und -korrespondenten sind in zwei Verbänden organisiert: dem 1920 gegründeten Verein „Die ausländische Presse in Dänemark“ (Den udenlanske Presse i Danmark) und im „Deutschen Presseklub in Kopenhagen“, der Kopenhagener Gruppe des Reichsverbandes der deutschen Presse.

VIII. Die Reform des dänischen Preßrechts.

Eine Reform des in verschiedener Richtung nicht zeitgemäßen dänischen Preßgesetzes von 1851 ist im Anschluß an die seit langem beabsichtigte Revision der dänischen Strafgesetzgebung geplant. Die im Jahre 1905 eingesetzte Kommission hatte in ihrem 1912 veröffentlichten Strafgesetzentwurf auch Bestimmungen über die Preßverantwortlichkeit und die Preßpolizeidelikte aufgenommen. Es wurde, wesentlich nach dem Vorbild des norwegischen Preßrechts, mit einzelnen Vorbehalten die Aufgabe des jetzigen künstlichen Haftungssystems und der Übergang zum „natürlichen“ Verantwortungssystem vorgeschlagen. In den späteren — 1917 und 1923 — erschienenen Kommissionsentwürfen wie auch in dem dem Reichstag neuerdings (1928) vorgelegten Regierungsvorschlag sind jedoch sämtliche preßrechtlichen Bestimmungen als für ein Spezialgesetz besser geeignet aus dem Strafgesetz ausgeschieden worden. —

Im Dezember 1924 beauftragte der Justizminister eine besondere Kommission damit, eine Reform der Preßgesetzgebung in Vorschlag zu bringen. Diese Kommission hat einen im Sommer 1926 erschienenen Vorentwurf zu einem neuen Preßgesetz ausgearbeitet. Nach diesem Entwurf ist das sukzessive Haftungssystem für nicht periodische Schriften mit Einstimmigkeit zugunsten des natürlichen Systems aufgehoben.

Für periodische Schriften wünscht eine Minderzahl innerhalb der Kommission grundsätzlich die Beibehaltung der jetzigen Ordnung, während eine Mehrzahl die Verantwortlichkeit allein dem Redakteur und dem Verfasser, insofern dieser letztere seinen Namen auf der Schrift benannt hat, kumulativ auferlegen will. Der Redakteur muß sich auf der Schrift benennen und haftet für den ganzen Inhalt, auch für die vom Verfasser unterzeichneten Artikel. Die Verantwortlichkeit des Druckers fällt mithin weg. Das Strohmannwesen wird beseitigt, und für die dem Redakteur durch Urteil auferlegten Schadensersatzleistungen haftet der Eigentümer der Zeitung. Auch bezüglich der Preßpolizeidelikte sind Änderungen vorgeschlagen, u. a. eine bedeutsame Ausdehnung der Berichtigungspflicht. —

Die Regierung hat noch nicht zu den Vorschlägen der Kommission Stellung genommen.

Anhang.

Verfassung vom 5. Juni 1915 mit Änderungen vom 10. September 1920.

§ 84: Jedermann hat das Recht, seine Gedanken durch den Druck zu veröffentlichen, jedoch unter Verantwortung vor den Gerichten. Zensur und andere vorbeugende Maßnahmen dürfen niemals wieder eingeführt werden.

Preßgesetz vom 3. Januar 1851.

§ 1: Auf jeder Schrift, die von einer Druckerei hier im Reiche ausgeliefert wird, muß der Name des Buchdruckers nebst dem Druckort angegeben sein. Wegen Zuwiderhandlungen wird der Buchdrucker und, falls er nicht zu ermitteln ist, derjenige, der die Schrift zum Verkauf oder Verteilen hat, mit Geldstrafe von 10 bis zu 400 Kr. bestraft.

§ 2: Unrichtige Angabe des Buchdruckers wird mit Geldstrafe von 20 bis zu 1000 Kr. bestraft. Dieselbe Strafe trifft denjenigen, der bei Kenntnis der unrichtigen Angabe die Schrift zum Verkauf oder Verteilen hat.

§ 3: Für den Inhalt einer hier im Reiche durch den Druck veröffentlichten Schrift ist der Verfasser verantwortlich, wenn er sich auf der Schrift benannt hat und überdies entweder, als die Schrift erschien, hier im Reiche seinen festen Wohnsitz hatte oder zur Zeit der Klageerhebung innerhalb des Bereiches der richterlichen Gewalt des Staates ist. — Hat sich kein solcher Verfasser benannt, so ist unter den gleichen Bedingungen verantwortlich der Herausgeber, darauf der Verleger oder der Kommissionär. Fehlt eine der festgesetzten Bedingungen für die Verantwortlichkeit einer der genannten Personen, so haftet der Buchdrucker. — Wenn in einer von mehreren gemeinschaftlich herausgegebenen Schrift der einzelne als Herausgeber gewisser hinreichend abgesonderter Teile derselben hervortritt, fällt insofern die Verantwortlichkeit der übrigen Herausgeber weg. Jede Person, der auf diese Weise Verantwortung obliegen kann, ist, wenn sie dazu aufgefordert wird und nicht selbst die Verantwortung tragen will, verpflichtet, die zur Feststellung der Verantwortlichkeit eines der Vormänner erforderlichen Aufklärungen mitzuteilen; eine solche Aufforderung muß jedoch binnen drei Monaten geschehen, nachdem die Herausgabe der Schrift zum erstenmal in einer öffentlichen Zeitung angezeigt worden ist. Widrigenfalls ist er verantwortungsfrei.

§ 4: Von jeder Schrift mit nicht mehr als sechs Bogen hat der Buchdrucker gleichzeitig mit der Auslieferung der Schrift aus der Druckerei und spätestens binnen einer Stunde nach dem Beginn der Auslieferung der Polizeibehörde ein Exemplar gegen eine ihm auf Verlangen sofort zu erteilende Bescheinigung abzuliefern. Zuwiderhandlungen werden mit Geldstrafe von 40 bis zu 1000 Kr. bestraft. Ist kein oder ein unrichtiger Buchdrucker auf der Schrift benannt und kann der Drucker nicht ermittelt werden, so geht die Verantwortung auf den Verleger oder Kommissionär über.

(§§ 5—10 sind durch das Strafgesetz vom 10. Febr. 1866 (§ 309) aufgehoben.)

§ 11: Ein jeder, der sich in einer periodischen Schrift persönlich angegriffen fühlt oder eine ihn betreffende Mitteilung in der Schrift zu berichtigen wünscht, kann in dieser die unentgeltliche Aufnahme einer Bekanntgabe über Klageerhebung wegen des Angriffs und über den Ausgang des Verfahrens oder einen Hinweis auf eine Berichtigung in einer anderen Schrift verlangen. Diese Aufnahme muß in einer der zwei ersten nach dem beweislichen Verlangen der Aufnahme erscheinenden Nummern der Schrift erfolgen. Das Unterlassen, dieser Pflicht nachzukommen, wird mit Geldstrafe von 40 bis zu 200 Kr. bestraft; die verlangte Aufnahme kann durch tägliche Bußen nach Maßgabe gerichtlichen Beschlusses erzwungen werden.

(§ 12 ist durch § 309 des Strafgesetzes aufgehoben.)

§ 13: Der Justizminister beschließt die öffentliche Verfolgung einer Schrift wegen ihres Inhalts. Beschlagnahme einer Schrift darf in diesem Falle nur durch Beschluß des Untersuchungsrichters erfolgen.

§ 14: Die Einfuhr fremder Schriften ist frei. Findet der Justizminister, daß eine solche Schrift einen strafbaren Inhalt hat und ist kein dänischer Untertan für die Veröffentlichung verantwortlich, so kann gegen denjenigen, der die Schrift zum Verkauf oder Verteilen hat oder gehabt hat, durch das Vollziehungsgericht ein vorläufiges Verbot gegen ihre weitere Verteilung hier im Reiche erlassen werden, welches Verbot nach Ladung desjenigen, gegen den es erlassen ist, unverzüglich in strafprozessualen Formen weiter verfolgt werden muß. Wird das vorläufige Verbot bestätigt, ist in dem Urteil eine Frist anzuordnen, binnen welcher die Schrift aus dem Reiche gesandt werden muß oder im entgegengesetzten Falle eingezogen wird. Dieses Urteil ist von Amts wegen (in den Stiftszeitungen und in „Berlingske Tidende")*) dreimal bekanntzumachen, wonach jeder weitere Bezug, Verkauf oder Verteilung der Schrift hier im Reiche untersagt ist und Zuwiderhandlung mit Geldstrafe von 100 bis zu 1000 Kr. oder mit Gefängnis von 14 Tagen bis zu 6 Monaten bestraft wird.

---

*) Seit dem 1. April 1904 im Staatsanzeiger.

§ 15: Falls eine periodische Schrift oder mehrere periodische Schriften, die denselben Herausgeber haben, in einem Zeitraum von zwei Jahren drei solchen Urteilen unterliegen, kann in dem letzten Urteil angeordnet werden, daß die Schrift oder andere von demselben Herausgeber herausgegebene Schriften nicht ohne Erlaubnis des Justizministers in das Reich eingeführt werden dürfen. Das Verbot ist bekanntzumachen und Zuwiderhandlungen, wie in § 14 bestimmt, zu bestrafen.

§ 16: Die Bestimmungen dieses Gesetzes über Druckschriften gelten auch für jede durch mechanische Mittel erzeugte Wiedergabe einer Schrift. — Auf Kupferstiche, Holzschnitte, Steindrucke und andere bildliche Darstellungen sind ebenso die für gedruckte Schriften erlassenen Bestimmungen, § 4 ausgenommen, entsprechend anwendbar. Falls sie in Verbindung mit einer Schrift und als Bestandteil einer solchen erscheinen, haftet jedoch der für die Schrift Verantwortliche auch hierfür.

§ 17: Dieses Gesetz tritt an Stelle des Gesetzes vom 5. Juli 1850 und der früher erlassenen Bestimmungen über die Benutzung der Presse.

Das isländische Preßrecht

von

Olafur Larusson

Tafel des isländischen Preß- und Zeitungsrechts.

Verfassung vom 18. Mai 1920, § 68: Schutz der Preßfreiheit.

Preßverordnung vom 9. Mai 1855.

Strafgesetz vom 25. Juni 1869, § 185: Veröffentlichung von unzüchtigen Schriften, § 218: Beleidigungen durch die Presse.

Gesetz Nr. 64 vom 7. Mai 1928, § 15, und Nr. 39 vom 27. Juni 1921: Veröffentlichungsverbote.

Gesetz Nr. 80 vom 22. November 1907, Nr. 43 vom 30. Juni 1909, Nr. 29 vom 7. Mai 1928 und Nr. 30 vom 13. September 1901: Ablieferung von Bibliotheksexemplaren.

Gesetz Nr. 13 vom 20. Oktober 1905, §§ 14 und 16: Schutz der Pressenachrichten.

Gesetz Nr. 5 vom 7. Mai 1921, § 2: Postbesorgung von Zeitungen.

Literatur.

Lárus H. Bjarnason: Islenzk stjórnlagafraedi. Reykjavík 1913 S. 311 ff.

I. Geschichtlicher Überblick.

Die erste isländische Buchdruckerei wurde um 1530 vom letzten römisch-katholischen Bischof des Bistums Hólar errichtet. Nach der Reformation war weiter auf dem Bischofssitze Hólar eine Druckerei und später auch eine Weile auf dem Bischofssitze Skálholt. Diese Druckereien standen in jeder Beziehung unter der Leitung und Aufsicht der Superintendenten, ohne daß sich irgendwelche Ausübung einer Zensur nachweisen läßt. Im kgl. Patente vom 14. Februar 1685, wodurch die Errichtung der Druckerei in Skálholt gestattet wurde, wird allerdings geäußert, „daß die Materien, welche gedruckt werden, erst nach herkömmlicher Sitte in gebührender Weise durchgesehen werden sollen". Die hier erwähnte „herkömmliche Sitte" ist zweifelsohne der dänische Gebrauch, den Polizeibehörden die Zensur zu überlassen. Es sind jedoch keine Anzeichen, daß diese Sitte hier in Island befolgt worden ist, vielmehr wird in einem kgl. Patente vom 4. Juni 1772, wodurch einer Privatperson die Errichtung einer Druckerei gestattet wird, der Zensur keine Erwähnung getan. Um die Zeit des letzterwähnten Patentes erscheint die erste Zeitschrift in Island (1773).

Die dänische Verordnung vom 27. September 1799 wurde in Island eingeführt. Die in der Verordnung befohlene Zensur aber wurde nur andeutungsweise ausgeübt. Bis 1832 stand die einzige damals im Lande befindliche Druckerei unter der Obhut der kgl. isländischen Gesellschaft zur Aufklärung des Landes (Hid kgl. íslenzka landsuppfraedingarfélag), und durch kgl. Bewilligung erhielt diese Gesellschaft am 8. November 1799 die Erlaubnis, diese Zensur, die die Verordnung sonst den Polizeidirektoren überwies, durch eines ihrer Vorstandsmitglieder ausüben zu lassen. Durch kgl. Verordnung vom 19. September 1832 wurde es jedoch dahin geändert, daß die Zensur an den Oberpräsidenten (Stiftamtmadur) übergeführt wurde. Mit dieser Änderung galt die Verordnung vom 27. September 1799 in Island, bis sie durch die Preßverordnung vom 9. Mai 1855 ersetzt wurde. Diese Verordnung ist in allem wesentlichen bis auf den heutigen Tag geltendes Recht in Island, und sowohl sie wie die meisten anderen Hauptbestimmungen isländischen Preßrechts entstammen der Zeit, wo Island von Dänemark aus regiert wurde, und das isländische Alting noch nicht zur gesetzgebenden Macht gelangt war. Folglich schließen sich die meisten diesbezüglichen gesetzlichen Bestimmungen eng an die dänischen Gesetze. Man wird sich hier deshalb darauf beschränken, in solchen Fällen auf die Arbeit „Dänisches Preßrecht" von Professor O. Krabbe hinzuweisen, wo die betreffenden dänischen Bestimmungen beschrieben sind. Hier soll nun versucht werden, eine Übersicht über die Unterschiede des isländischen und dänischen Preßrechtes zu geben, wo entweder die Bestimmungen der isländischen Gesetze von den dänischen abweichen, oder wo Angelegenheiten der Presse, die in Dänemark gesetzlich geregelt, im isländischen Rechte unberücksichtigt geblieben sind.

II. Die Freiheit der Presse.

Wie im dänischen Rechte ist die Preßfreiheit durch eine Verfassungsbestimmung gesichert, richtet sich aber im übrigen nach der allgemeinen Gesetzgebung. Die fragliche Bestimmung der Verfassung befindet sich in Art. 68 der Verfassung vom 18. Mai 1920, der Artikel wurde aber ungeändert aus der Verfassung vom 5. Januar 1874 übernommen (Art. 54), und stimmte mit dem Art. 86 der dänischen Verfassung vom 5. Juni 1849 = Art. 84 der dänischen Verfassung vom 5. Juni 1915 überein. Es besteht jedoch ein unerheblicher Unterschied, denn wo die dänische Verfassung sagt „Zensur und andere vorbeugende Maßnahmen dürfen niemals wieder eingeführt werden", fehlt das Wort „wieder" in der isländischen Verfassung. Dieser unwesentliche Unterschied wird wohl durch die Auffassung begründet sein, daß man in Island nie Zensur im selben Sinne wie in Dänemark gehabt habe, eine Ansicht, die wenigstens zutrifft, insoweit es sich auf die Handhabung bezieht.

Die verfassungsmäßige Grundlage der Preßfreiheit ist somit dieselbe in Island wie in Dänemark.

Abgesehen von der Verfassung ist die Verordnung die Preßfreiheit betreffend vom 9. Mai 1855 das Hauptgesetz auf dem Gebiete des Preßrechtes. In allem wesentlichen ist diese Verordnung mit dem dänischen Preßgesetze vom 3. Januar 1851 gleichlautend. Die abweichenden Bestimmungen werden später erwähnt. Wie in Dänemark sind die Art. 5—10 und 12 außer Kraft gesetzt worden, in Island durch Art. 311 des Strafgesetzes vom 25. Juni 1869. Diesen Artikeln entsprechende Bestimmungen sind jetzt im Strafgesetze enthalten.

Bestimmungen, welche Veröffentlichung in Zeitungen verbieten oder anderes für Veröffentlichungen in den Zeitungen gelten lassen als für Veröffentlichungen außerhalb der Zeitungen, gibt es sehr wenige. Unter ihnen dürfen erwähnt werden:

Strafgesetz vom 25. Juni 1869, Art. 185 betreffend Veröffentlichung von Schmutzliteratur, mit dem Art. 184 des dänischen Strafgesetzes vom 10. Februar 1866 übereinstimmend, Art. 218, der eine Beleidigung in verschiedenen Fällen mit einer größeren Strafe belegt, u. a. auch, wenn sie gedruckt wird, vgl. Art. 216 des dänischen Strafgesetzes.

Gesetz Nr. 64 vom 7. Mai 1928, Art. 15 verbietet die Veröffentlichung von Anpreisungen alkoholischer Getränke, wofür laut Art. 35 eine Strafe von 100 Kr. für jede Anzeige verhängt wird.

Gesetz Nr. 39 vom 27. Juni 1921, Art. 97 verbietet ohne Zustimmung der Beteiligten irgend etwas, was während des Verlaufes von Ehescheidungsprozessen sich ereignet, zu veröffentlichen mit Ausnahme des Urteiles selbst. Vergehen gegen dieses Verbot werden mit Bußen von 100 bis 1000 Kr. bestraft. Im übrigen ist die Gerichtsberichterstattung nicht beschränkt.

Zeitungsherausgabe, Redaktion oder Verlegertätigkeit ist keinen Beschränkungen unterworfen. Zur Ausübung des Buchhändlergewerbes bedarf es jedoch der Handelserlaubnis laut dem Gesetze Nr. 52 vom 27. Juni 1925. Um eine Buchdruckerei in Handelsplätzen, die einen seßhaften Polizeidirektor haben, zu treiben, bedarf es einer Gewerbeerlaubnis; wo es nicht der Fall ist, ist eine besondere ministerielle Genehmigung erforderlich, Gesetz vom 4. Dezember 1886 Art. 1, vgl. Gesetz Nr. 18 vom 31. Mai 1927.

In Kriegszeiten oder unter ähnlichen außerordentlichen Umständen ist die Preßfreiheit durch keine Beschränkungen gehemmt, und es kommen der Presse keine besonderen Vergünstigungen zu außer den Verantwortlichkeitsregeln in der Verordnung über die Preßfreiheit. In isländischen Gesetzen befinden sich keine Bestimmungen, die den Bestimmungen des Art. 170, 5. Absatz, der dänischen Prozeßordnung, entsprechen.

III. Das Preßpolizeirecht.

Die Bestimmungen der Preßfreiheitsverordnung über Wohnungsangabe und polizeiliches Pflichtstück sind mit den Bestimmungen des dänischen Preßgesetzes gleichlautend, jedoch mit der einen Ausnahme, daß die Höchstgrenze der Bußen laut dem dänischen Gesetze doppelt so hoch ist wie in der isländischen Verordnung; das gleiche gilt für das Mindestmaß, ausgenommen sind jedoch die Bestimmungen der isländischen Verordnung im 1. Art.

Die Bestimmungen der Verordnung betreffend Preßfreiheit stimmen auch mit dem Art. 11 des dänischen Gesetzes überein, jedoch mit dem Zusatz, daß eine Berichtigung nicht mehr wie ein Viertel einer Zeitungsnummer beanspruchen kann, und daß ein Herausgeber nicht in einer und derselben Nummer zur Veröffentlichung von Erklärungen oder Berichtigungen verpflichtet ist, die insgesamt mehr wie ein Viertel der Zeitung füllen.

Wie in Dänemark sind die Zeitungen nicht zur Veröffentlichung von staatlichen Anzeigen und gerichtlichen Urteilen verpflichtet. Die amtlichen Anzeigen werden in einer von der Regierung veröffentlichten besonderen Zeitung, in dem Staatsanzeiger (Lögbirtingablad), der wöchentlich erscheint, kundgegeben, Gesetz Nr. 32 vom 16. November 1907. Gesetze, Verordnungen, Reglements, ministerielle Erlasse und Entscheidungen, die für die Allgemeinheit von Bedeutung sind, werden in dem Staatsgesetzblatte (Stjórnartídindi) veröffentlicht, vgl. Gesetz Nr. 11 vom 24. August 1877.

Betreffs der Pflicht, an Bibliotheken unentgeltlich Exemplare von Drucksachen abzugeben, ist festgesetzt, daß die isländische Nationalbibliothek und die Kgl. Bibliothek in Kopenhagen 2, die Universitätsbibliothek in Kopenhagen 1 Exemplar von allem, was in Druck erscheint, sowohl größeren wie kleineren Sachen, erhalten sollen, Gesetz Nr. 80 vom 22. November 1907. Die vier bedeutendsten Bibliotheken außer Reykjavík und die Provinzialbibliothek (Amtsbókasafn) der Färöerinseln erhalten je 1 Exemplar von allen Büchern und Zeitschriften, die mehr als zwei Bogen umfassen, Gesetz Nr. 43, 30. Juli 1909 und Gesetz Nr. 29, 7. Mai 1928. Von allen Zeitungen und Zeitschriften, die monatlich oder öfter erscheinen, soll 1 Exemplar an das Reichsarchiv in Reykjavík abgegeben werden, Gesetz Nr. 30 vom 13. September 1901.

IV. Die straf- und zivilrechtliche Haftung für den Inhalt der Druckschrift.

Die hauptsächlichsten Vorschriften befinden sich in der Verordnung vom 9. Mai 1855. Die Bestimmungen sind mit denen des dänischen Preßgesetzes vom 3. Januar 1851 gleichlautend. Doch ist die Höchstgrenze der Bußen in dem Gesetze von 1851 doppelt so hoch wie in der Verordnung von 1855, was auch für das Mindestmaß gilt, ausgenommen jedoch die Bestimmungen des 1. Art. der Verordnung, die denen des Gesetzes von 1851 gleichkommen. Die Frist zur Aufforderung zur Erklärung, um zu beweisen, daß die Verantwortung auf einem Vorgänger lastet, ist in Art. 3 der Verordnung auf sechs Monate festgesetzt gegen drei Monate in dem Art. 3 des Gesetzes von 1851.

V. Das Postzeitungsrecht und der Schutz der Pressenachrichten.

Bestimmungen über die Postbeförderung von Zeitungen sind im Postgesetze Nr. 5 vom 7. Mai 1921 enthalten. Die Pflicht der Postbehörden ist demgemäß nur auf die Beförderung von Zeitungen ausgedehnt, nicht aber auf die Annahme von Abonnements. Unter Zeitung und Zeitschrift in dieser Verbindung ist jedes Blatt oder jede Schrift zu verstehen, welche gedruckt oder in ähnlicher Weise vervielfältigt wird und einmal oder öfter im Jahre in Heften mit gemeinsamem Titel erscheint, das jedes für sich nicht über 250 Gramm wiegt.

Bestimmungen über den Schutz der Pressenachrichten sind im Gesetze Nr. 13 vom 20. Oktober 1905 Art. 14 zu finden. Es ist untersagt, Preßtelegramme, die ein anderer erhalten und auf seine Unkosten veröffentlicht hat, ohne Genehmigung abzudrucken oder ihren Inhalt gedruckt zu veröffentlichen, bevor fünf Tage seit der Drucklegung verstrichen sind. Laut dem Art. 16 des erwähnten Gesetzes ist es im übrigen erlaubt, einzelne Aufsätze aus anderen Zeitungen und Zeitschriften in Zeitungen und Zeitschriften aufzunehmen, wenn bei dem Aufsatze nicht steht, daß Nachdruck verboten sei.

VI. Preßverbände.

Es besteht seit 1897 ein isländischer Preßverband, der das ganze Land umfaßt (Bladamannafélag Islands). Sein Zweck ist, das Gedeihen des isländischen Journalistenstandes zu fördern, seine Interessen nach außen hin wahrzunehmen und ein gemeinsames Auftreten des Standes herbeizuführen in Angelegenheiten, die den ganzen Stand betreffen. Der Verband unterhält ein Nachrichtenbureau und genießt zu dem Zwecke eine Unterstützung aus der Staatskasse.

VII. Reformen des Preßrechts.

Das Strafgesetz unterliegt zur Zeit, seit 1928, einer Revision, und es ist zu erwarten, daß zugleich auch die Bestimmungen über Preßverantwortlichkeit und Preßpolizeidelikte einer Änderung unterzogen werden. Ein Entwurf eines neuen Strafgesetzes liegt aber noch nicht vor. Im Jahre 1911 wurde ein Änderungsvorschlag zu den Bestimmungen des Strafgesetzes über Beleidigungen dem Alting vorgelegt, der unter anderem eine Änderung der Bestimmungen über gedruckte Beleidigungen vorsah. Er erhielt jedoch nicht die Zustimmung des Altings.

FSC
www.fsc.org
MIX
Papier | Fördert gute Waldnutzung
FSC® C083411

Kolibri 360 GmbH
Ferdinand-Jühlke-Straße 7
99095 Erfurt, Deutschland
produktsicherheit@kolibri360.de